LA BONA SORT

labutxaca

www.labutxaca.cat
info@labutxaca.cat

ÀLEX ROVIRA

FERNANDO
TRÍAS DE BES

LA BONA SORT

CLAUS PER A LA PROSPERITAT

Proa
Barcelona

Títol original: *La buena suerte*

Primera edició en aquest segell: març del 2020
Tercera impressió: novembre del 2022

Fotocomposició: Moelmo, s.c.p.
DIPÒSIT LEGAL: B. 3.321-2020
ISBN: 978-84-17423-38-4

El paper utilitzat per a la impressió d'aquest llibre té la qualificació
de paper ecològic i procedeix de boscos gestionats de manera sostenible.

Per als meus fills, la Laia, el Pol i la Mariona.
I per a tots els nens per als quals s'escriuen els contes.
També per al nen que tots portem sempre dins sense
que importi la nostra edat, perquè en ell resideixen
l'alegria i l'amor per la vida, ingredients
imprescindibles per crear i compartir la Bona Sort.

Per als meus pares, Gabriel i Carmen,
pel seu amor i el seu exemple. I per a tots els pares,
l'amor dels quals pels seus fills esdevé la llavor
de la Bona Sort compartida.

I per a tots els éssers humans que fan de la seva
vida una entrega generosa als altres,
perquè són exemple viu que els contes, com la vida,
poden tenir un final feliç i amb sentit.

Àlex Rovira Celma

Per a en Guillermo Trías de Bes, el meu pare,
amb tot el meu amor i agraïment, perquè ell
m'ensenyà les regles de la Bona Sort sense explicar-me
cap faula. Ho va fer amb l'exemple.

El meu pare és, de fet, el motiu principal
pel qual sé que podem crear la Bona Sort.

Fou ell qui em va fer veure que,
en essència, és una qüestió de fe,
de generositat i d'Amor, amb majúscules.

Fernando Trías de Bes Mingot

SUMARI

NOTA EDITORIAL

Fa quinze anys, a Espanya es publicava per primera vegada un llibre breu. Era una faula ambientada en un temps que recordava a l'edat mitjana i que transcorria en un indret desconegut. Estava protagonitzada per dos cavallers, en Sid i en Nott, que tenien la missió de trobar un trèvol de quatre fulles.

Àlex Rovira i Fernando Trías de Bes van escriure *La bona sort*, el seu primer llibre a quatre mans. Tal com vàrem saber més endavant, volien escriure un llibre que pogués llegir tothom, a qualsevol edat i en qualsevol moment de la vida. Un llibre de forma lleugera i fons concentrat. Així de senzill. Així de complicat.

En aquest ofici no hi ha veritats absolutes, però sí algunes «lleis» de mercat que tots els editors coneixem i que ens indiquen a quins nombres no hauríem d'apostar. Els llibres massa llargs o massa curts, els que no encaixen en un gènere concret o no tenen un públic definit o, fins i tot, els llibres escrits per dos autors acostumen a tenir dificultats per obrir-se camí i connectar amb els lectors.

Tot i això, va succeir el que semblava impossible: 4 milions d'exemplars venuts a tot el món, traducciones a 42 idiomes i el fenomen editorial més gran a Espanya en els últims anys, ara convertit en un clàssic contemporani.

El lector té a les seves mans un text inspirador, la història del qual és l'exemple viu del que predica. Ho tenia tot en contra i, tanmateix, va crear les circumstàncies per fer-ho possible.

PRIMERA PART

LA TROBADA

Una bonica tarda de primavera, en Víctor, un home d'aspecte elegant i informal, s'assegué al seu banc preferit del parc més gran d'aquella gran ciutat. Allí se sentia en pau, s'afluixava el nus de la corbata i descansava els peus descalços sobre una flonja catifa de trèvols. A en Víctor, que tenia seixanta-quatre anys i un passat ple d'èxits, li encantava aquell racó.

Però aquella tarda seria una tarda diferent; quelcom d'inesperat estava a punt de passar.

Un altre home, també d'uns seixanta anys i de nom David, s'apropava al mateix banc amb la intenció d'asseure-s'hi. Ho feia amb passes cansades, potser fins i tot abatudes. S'intuïa en ell una persona trista, encara que conservava, a la seva manera, un cert aire de dignitat. En David ho estava passant força malament en aquells moments. De fet, els últims anys havien estat dolents.

En David s'assegué al costat d'en Víctor i llurs mirades es trobaren. I fou estrany, perquè ambdós, al mateix temps, pensaren que els unia un vincle, quelcom conegut... molt llunyà, però íntimament familiar.

—Tu ets en Víctor? —preguntà en David, amb precaució.

—I tu en David? —respongué en Víctor, ara ja convençut que en aquella persona reconeixia un amic.

—No pot ser!

—No m'ho puc creure! Després de tant de temps!

En aquell instant, s'aixecaren i s'abraçaren, mentre reien amb força.

En Víctor i en David havien estat grans amics de petits, des dels dos anys fins als deu. Havien estat veïns al modest barri on havien passat els primers anys de vida.

—T'he reconegut pels inconfusibles ulls blaus! —va explicar en Víctor.

—I jo a tu per la mirada tan neta i sincera que ja tenies fa... fa... cinquanta-quatre anys! No ha canviat gens —respongué en David.

Llavors van recordar i compartir anècdotes de la infància i recuperaren llocs i personatges que creien oblidats. Finalment, en Víctor, que va reconèixer en l'expressió del seu amic una ombra de tristesa, li digué:

—Vell amic, explica'm com t'ha anat a la vida...

En David s'arronsà d'espatlles i sospirà.

—La meva vida ha estat un cúmul de despropòsits.

—Com és això?

—Recordes que, quan tenia deu anys, la meva família va deixar el barri on érem veïns? Un bon dia, desapareguérem i ningú no va saber res més de nosaltres. Resulta que el meu pare heretà la immensa fortuna d'un tiet llunyà que va morir sense descendència. Vàrem marxar sense dir res a ningú. Els meus pares no volien que se sabés que la sort ens havia somrigut. Canviàrem de casa, de cotxe, de veïns, d'amics... Va ser llavors quan tu i jo vàrem perdre el contacte.

—Va ser per això, doncs! —exclamà en Víctor—. Sempre ens vàrem preguntar què us devia haver passat... Tan gran va ser la fortuna que vàreu rebre?

—Sí. A més, una part important del que vàrem rebre en herència fou una gran empresa tèxtil en ple funcionament i que estava donant molts beneficis. Mon pare la va fer créixer encara més. I quan ell morí, jo me'n vaig fer càrrec. Però vaig tenir molt mala sort. Tot em va sortir del revés —explicà en David.

—Què va passar?

—Durant un temps no vaig canviar res, perquè les coses anaven més o menys bé. Llavors, de sobte, van començar a aparèixer competidors pertot arreu i les vendes van baixar. El nostre producte era el millor i jo tenia l'esperança que els clients s'adonarien que la competència no oferia la mateixa qualitat. Però els clients no n'entenen, de teixits.

Si ho haguessin sabut, se n'haurien adonat. Així que es llançaren a comprar els productes de les noves marques que sortien al mercat.

En David va parar per respirar. Recordar tot allò no era gens agradable. En Víctor romangué en silenci; no sabia què dir.

—Vaig perdre molts diners, però l'empresa encara estava sanejada. Vaig intentar reduir les despeses tant com vaig poder, però com més ho feia, més baixaven les vendes. Vaig estar a punt de crear una marca pròpia, però no m'hi vaig atrevir, perquè el mercat demanava marques estrangeres. Allò em portà al límit. Com a últim recurs vaig pensar a obrir una cadena de botigues, però vaig tardar a prendre la decisió i, quan al final ho vaig fer, no vaig poder pagar els locals, perquè les vendes no cobrien els costos. No vaig poder fer front als pagaments i vaig haver de respondre amb els actius: la fàbrica, les terres, la casa, totes les meves propietats... Ho vaig tenir tot, tot el que vaig voler. I ho vaig perdre. Mai no he tingut sort.

—I què vas fer, aleshores? —preguntà en Víctor.

—Res, no sabia què podia fer. Els mateixos que abans em lloaven, ara em donaven l'esquena. Vaig passar d'una feina a una altra, però o no m'adaptava o no em sabien entendre... Fins i tot vaig passar gana... He sobreviscut durant quinze anys com he pogut, guanyant-me la vida amb les propines que em donen per fer encàrrecs i fins i tot amb l'ajut de la bona gent del barri on visc ara, on em coneixen. Sempre m'ha acompanyat la mala sort.

En David, que no tenia ganes de seguir parlant, preguntà al seu amic d'infància:

—I a tu, com t'ha tractat la vida? Has tingut sort?

En Víctor dibuixà un somriure.

—Com recordaràs, els meus pares eren pobres, més pobres que els teus quan encara vivíeu al barri. Els meus orígens són més que humils, ja ho saps: són precaris. Moltes nits no teníem res per menjar. De vegades, la teva mare ens portava alguna cosa, perquè sabia que a casa anaven mal dades. Com també saps, no vaig poder anar a l'escola i vaig estudiar a la universitat de la vida. Vaig començar a treballar als deu anys, de fet poc després que la teva família i tu desapareguéssiu misteriosament.

»Vaig començar rentant cotxes. Després vaig treballar de grum en un hotel. Encara després vaig pujar de categoria i vaig fer de porter en diversos establiments de cinc estrelles... Fins que, als vint-i-dos anys, em vaig adonar que *podia tenir sort si m'ho proposava*.

—I com ho vas fer? —li demanà en David, amb una barreja de curiositat i d'escepticisme.

—Vaig comprar un petit taller que estava a punt de tancar. El vaig comprar amb un crèdit i amb tots els estalvis que tenia. Era un taller on s'hi fabricaven bosses de pell. Jo n'havia vist de tota mena als restaurants i als luxosos hotels on havia treballat i sabia què agradava a la gent rica. Només havia de fabricar el mateix que tantes vegades havia vist que es portava quan treballava de mosso.

»Al començament, jo mateix m'ocupava tant de la producció com de sortir a vendre. Treballava de nits i els caps de setmana. El primer any va anar molt bé i vaig reinvertir tot el que havia guanyat a comprar més gènere i a viatjar per tot el país, per descobrir què es fabricava en altres llocs. Necessitava saber-ne més que ningú altre de bosses de pell. Vaig aprendre molt visitant botigues i preguntava a tothom que veia amb una bossa què li agradava i què no li agradava de la que portava.

En Víctor recordava amb passió aquells primers anys. Seguí parlant:

—Les vendes creixeren i, durant deu anys, vaig reinvertir tots els beneficis. Buscava oportunitats allà on creia que podia trobar-les. Cada any modificava el disseny de les bosses que es venien millor, mai no eren iguals. I mai no deixava per a l'endemà els problemes que sorgien als tallers. Em vaig esforçar a ser la causa de tot el que passava al meu voltant. Vaig comprar més tallers, l'un rere l'altre, i després arribaren les fàbriques. Al final vaig aconseguir erigir un negoci pròsper. La veritat és que no va ser gens fàcil, però el resultat superà tot el que imaginava quan vaig començar.

En David l'interrompé en aquest punt i matisà l'última afirmació:

—No podria ser que, en realitat, vas tenir molta sort?

—Això creus? De debò creus que tot va ser qüestió de sort? —s'exclamà en Víctor, sorprès.

—No he volgut molestar-te ni menystenir-te —respongué en David amb un filet de veu—. Però em costa creure que la raó de tots els teus èxits siguis només tu. La sort somriu a qui el destí capriciós escull. A tu et va somriure i a mi no. I no hi ha res més, vell amic.

En Víctor quedà pensatiu. Al cap d'una estona, respongué:

—Mira, jo no vaig heretar cap gran fortuna, però el meu avi em va donar quelcom molt millor... Saps quina és la diferència entre la sort i la Bona Sort, amb majúscules?

—No, no ho sé—contestà en David, que tampoc no semblava gaire interessat.

—Vaig aprendre la diferència entre la sort i la Bona Sort amb un conte que el meu avi explicava quan vivia amb nosaltres. Sovint he pensat, i de fet encara ho penso, que aquest conte em canvià la vida. M'ha acompanyat en els moments de por, de dubte, d'incertesa i de confusió, però també en els moments d'alegria, de felicitat, de gratitud... Gràcies a aquest conte vaig decidir comprar el taller amb el fruit de sis anys d'esforç apassionat i d'estalvi. Aquest conte també vas ser el detonant de moltes altres decisions que després han demostrat ser crucials a la meva vida.

En Víctor continuà parlant mentre en David, amb el cap ensorrat entre les espatlles, mirava a terra.

—Potser un ja no està per escoltar contes als seixanta-quatre anys... però mai no és tard per sentir el que ens pot ser útil. Ja ho diu el refrany: «Mentre hi ha vida, hi ha esperança». Si vols, te'l puc explicar.

En David seguia en silenci i en Víctor continuà:

—És un conte que ha ajudat moltes persones. No només gent del món dels negocis, sinó també emprenedors i professionals de tots els rams. Les persones que aprenen i assumeixen la diferència entre la sort, sense més, i la Bona Sort, obtenen resultats excel·lents a la feina i a les empreses on treballen. A d'altres els ha servit fins i tot per cultivar l'amor. Ha ajudat també esportistes, científics i investigadors... Si t'ho dic és perquè ho sé de primera mà. Ja tinc seixanta-quatre anys i he estat testimoni de l'efecte que aquesta llegenda ha tingut en moltes persones.

En David es redreçà i parlà, potser empès per la curiositat:

—D'acord, digues: quina és la diferència entre la sort i la Bona Sort?

En Víctor meditá abans de respondre:

—Quan la teva família va rebre l'herència, va ser una qüestió de sort. Però aquesta sort no depèn d'un mateix i, per això, tampoc no dura gaire. Vas tenir una mica de sort, i aquest és el motiu pel qual ara no tens res. En canvi, jo em vaig dedicar a crear sort. La sort, sense més, no depèn de tu. La Bona Sort només depèn de tu. I aquesta darrera és l'autèntica. Temo que, de fet, la primera no existeix.

En David no donava crèdit al que sentia:

—Què vols dir? Que la sort no existeix?

—D'acord... Diguem que sí que existeix. Tanmateix, és tan improbable que no podem esperar que ens arribi precisament a nosaltres, a qualsevol. I, si per fi arriba, no dura gaire, és passatgera. Sabies que pràcticament el noranta per cent de les persones que han guanyat la loteria no tarden més de deu anys a arruïnar-se o a tornar a estar com abans? Per contra, la Bona Sort és possible sempre que t'ho proposis. Per això en diem Bona Sort, perquè és la bona, la de debò.

—Per què és la de debò? On és la diferència? —insistí en David. Les paraules del seu amic el començaven a intrigar molt.

—Vols que t'expliqui el conte?

En David dubtà uns instants. Al cap i a la fi, encara que no podia tornar enrere, tampoc no perdia res per escoltar. D'altra banda, li agradava que el seu millor amic de la infància li expliqués un conte ara, amb seixanta-quatre anys. I no només això. Feia massa temps que ningú no li explicava res com si encara fos un nen.

—D'acord, explica-me'l —va dir a la fi.

PRIMERA
REGLA DE LA BONA SORT

La sort no dura gaire temps,
perquè no depèn de tu.

La Bona Sort dura sempre, perquè
la construeixes tu mateix.

SEGONA PART

LA LLEGENDA DEL TRÈVOL MÀGIC

I

EL REPTE D'EN MERLÍ

Fa molt de temps, en un regne molt i molt llunyà, un mag anomenat Merlí convocà tots els cavallers del regne als jardins del castell reial i els digué:

—Fa molt de temps que molts de vosaltres em demaneu un repte, i alguns heu suggerit que organitzi un torneig entre tots els cavallers del regne. D'altres heu demanat concursos de destresa amb la llança i l'espasa. Tanmateix, us proposaré un repte diferent.

L'expectació entre els cavallers era màxima. En Merlí continuà:

—He sabut que, en un termini de set nits, naixerà al nostre regne el Trèvol Màgic.

Entre els presents esclatà un gran rebombori de murmuris i exclamacions. Alguns ja sabien de què parlava. D'altres no. En Merlí posà ordre:

—Calma, calma! Permeteu que us expliqui què és el Trèvol Màgic: és un trèvol de quatre fulles únic, que atorga a qui el posseeix un poder també únic: *una sort il·limitada*. Una sort sense límits de temps ni d'abast. Dona sort en el combat, sort en el comerç, sort en l'amor, sort en la riquesa... Una sort il·limitada!

Els cavallers parlaven i parlaven entre ells, molt animats. Tots volien trobar el Trèvol Màgic de quatre fulles. N'hi va haver algun que, fins i tot, es va posar dempeus per cridar a la victòria i invocar els déus.

En Merlí tornà a demanar silenci i reprengué la paraula:

—Silenci! Encara no us ho he dit tot. El Trèvol Màgic naixerà al Bosc Encantat, més enllà dels dotze turons, rere la Vall de l'Oblit. No sé on serà exactament, però sí que brotarà en algun racó del bosc.

L'emoció inicial es va esvair. Primer es va fer el silenci i, a continuació, ressonaren pels jardins del castell els sospirs de desànim. I és que el Bosc Encantat era tan extens com la part habitada del regne. Eren milers i milers d'hectàrees de bosc espès. Com se suposava que havien de trobar un minúscul trèvol de quatre fulles en una extensió tan gran? Hauria estat mil vegades millor haver de trobar una agulla en un paller. Com a mínim, seria un repte factible.

Davant la dificultat de l'empresa, la majoria de cavallers marxaren del castell reial, queixant-se i dirigint mirades d'indignació a en Merlí quan li passaven pel costat.

—Avisa'm quan tinguis un repte assolible —li deia un.

—Si hagués sabut que era això, no m'hauria pres la molèstia de venir —afegia un altre.

—Ja ves tu quin repte! Per què no ens enviaves al desert a la recerca d'un gra de sorra blau? Seria més senzill! —exclamà un altre, burleta.

L'un rere l'altre, els cavallers sortiren del jardí en direcció a les quadres i muntaren als seus cavalls. Només dos romangueren amb en Merlí.

—I doncs? —els preguntà el mag—. No marxeu?

Un d'ells, que es deia Nott i duia una capa negra, respongué:

—Sens dubte serà difícil. El Bosc Encantat és enorme, però sé a qui puc preguntar. Buscaré aquest trèvol de què parles. El trèvol serà per a mi.

L'altre cavaller, que es deia Sid i duia una capa blanca, romangué en silenci fins que en Merlí li dirigí una mirada inquisitiva. Aleshores, digué:

—Si dius que el Trèvol Màgic de quatre fulles, el trèvol de la sort il·limitada, naixerà al bosc, vol dir que serà així. Crec en la teva paraula. I és per això que aniré al bosc.

Així, ambdós cavallers marxaren cap al Bosc Encantat. En Nott, a lloms del seu cavall negre. En Sid, sobre el seu cavall blanc.

SEGONA
REGLA DE LA BONA SORT

Són molts els que volen tenir Bona Sort, però pocs els que decideixen anar a buscar-la.

II

EL GNOM, PRÍNCEP DE LA TERRA

El viatge a través del regne fins a arribar al Bosc Encantat era llarg i els cavallers van necessitar dos dies. Per tant, només disposaven de cinc jornades per trobar l'indret on naixeria el Trèvol Màgic. No podien perdre temps. Malgrat això, ambdós decidiren descansar tota la nit abans de començar la recerca.

Havien viatjat per separat i no coincidiren en cap de les breus parades que feren per donar beure als cavalls. Així que cap dels dos sabia en quin punt del bosc es trobava l'altre.

El Bosc Encantat era molt fosc. Fosc durant el dia, perquè els immensos i atapeïts arbres amb prou feines deixaven passar els raigs de sol. I fosc durant la nit, que, a més, era freda i silenciosa. Tanmateix, els habitants dels Bosc Encantat ja s'havien adonat de la presència dels nouvinguts.

L'endemà al matí, molt d'hora, en Nott, decidit a trobar el trèvol, pensà: «El Trèvol Màgic naixerà a terra. Qui coneix millor que ningú altre cada pam de terra del Bosc Encantat? Molt fàcil: el Príncep de la Terra, és a dir, el Gnom. El Gnom viu sota terra i ha construït passadissos i galeries subterrànies per tots els racons del Bosc Encantat. Ell em dirà on ha de néixer el Trèvol Màgic de quatre fulles!».

Així, en Nott, el cavaller de cavall negre i negra capa, preguntà on era el Gnom a tots els estranys éssers que trobà pel camí, fins que per fi el va localitzar.

—Què vols? —li preguntà el Gnom—. M'han dit que em busques tot el dia.

—Sí, és cert —afirmà en Nott mentre baixava del cavall—. He sabut que d'aquí a cinc nits naixerà al bosc un Trèvol Màgic de quatre fulles. Els trèvols només poden néixer de la terra i tu, el Príncep de la Terra, deu saber on naixerà. Ets l'únic que coneix pam a pam aquest immens bosc per sota terra. Tu coneixes com ningú totes les arrels de totes les plantes, arbusts i arbres que habiten al bosc.

»Si el Trèvol Màgic de quatre fulles ha de néixer d'aquí a cinc nits, tu deus haver-ne vist les arrels. Digues, on són?

—Hummmmm —va reflexionar el Gnom.

—Saps tan bé com jo —prosseguí en Nott— que el Trèvol Màgic només atorga sort il·limitada als cavallers, així que no té cap valor ni per a tu, que ets un gnom, ni per a cap altre habitant del Bosc Encantat. Digues on naixerà. Sé que ho saps.

El Gnom respongué per fi:

—Sí que conec els poders del Trèvol Màgic de quatre fulles. I també sé que la seva sort il·limitada només és per als cavallers que el posseeixin... però no n'he vist les arrels enlloc. És més, al Bosc Encantat no hi ha nascut mai cap trèvol. És impossible que aquest trèvol neixi aquí. Qui t'ho hagi dit, t'ha dit una mentida.

—Potser ets tu qui m'enganya! Potser ja li has dit al cavaller Sid, el del cavall blanc i capa blanca, on naixerà el Trèvol Màgic! —exclamà, desafiant, en Nott.

—No sé ni de què m'estàs parlant! No sé qui és aquest Sid i no tinc ni idea de qui t'ha pogut dir aquesta bajanada. En aquest bosc no ha nascut mai cap trèvol, ni tan sols de tres fulles. Els trèvols no creixen en aquest bosc, perquè no poden! Deixa'm en pau! Fa més de cent cinquanta anys que soc aquí i mai ningú no m'havia fet una pregunta tan estúpida. Au!

El cavaller Nott el deixà per impossible.

«Tampoc no és la primera vegada que em trobo algú que no està a l'altura del que em mereixo», pensà. Així que muntà el cavall, feu mitja volta i decidí esperar a l'endemà per fer el pas següent. Al cap i a la fi, era possible que el Gnom tingués raó i que en Merlí s'hagués equivocat d'indret o de moment.

A mesura que s'allunyava del Gnom, muntat sobre el seu cavall negre, en Nott va sentir el que acostumen a sentir aquells a qui «els diuen» que la sort no és possible: va sentir una mica de por. Llavors, el més fàcil va ser substituir la por per incredulitat. «No pot ser.» Això va ser, justament, el que pensà en Nott. I, per això, decidí ignorar el que el Gnom li havia dit.

«Demà serà un altre dia i, potser, la sort m'espera en un altre lloc.»

Per la seva banda, en Sid, el cavaller de la capa blanca, el matí del tercer dia va tenir exactament la mateixa idea que en Nott. Ell també sabia que el Gnom era el més indicat per esbrinar on naixeria el Trèvol Màgic. Dedicà tot el dia a buscar el seu cau i preguntà als habitants del bosc que trobà pel camí fins que, a la fi, va trobar el Gnom uns minuts després que el cavaller Nott l'hagués deixat, enfadat, davant d'una de les entrades a la seva caverna, de passadissos infinits.

—Sou vos el Gnom del Bosc Encantat, aquell a qui anomenen Príncep de la Terra? —preguntà mentre baixava del cavall.

—Sí, soc jo. Caram! Un altre il·luminat! I tu, què vols?

—Veureu, he sabut que d'aquí a cinc nits naixerà al Bosc Encantat el Trèvol Màgic de quatre fulles i he pensat que... —En Sid no va poder acabar la frase. El Gnom enrogí com un pebrot i les galtes i els pulmons se li inflaren tant que semblava que estigués a punt d'explotar.

—Però què us passa a tots amb el maleït Trèvol Màgic? —cridà enfurismat—. Ja li he dit a l'altre cavaller: en-aquest-bosc-no-hi-ha-cap-trèvol-de-la-sort-i-mai-no-n'hi-haurà-cap. Aquí no hi poden créixer, és tan senzill com això. Qui us hagi dit el contrari, o bé us ha pres el pèl, o bé ha begut més poció etílica de la que li convé. El millor que podeu fer tots és tornar al vostre castell o anar a socórrer alguna dama en perill. Aquí perdreu el temps.

Aleshores, el cavaller Sid s'adonà que passava quelcom ben estrany. Segons en Merlí, al bosc naixeria un Trèvol Màgic i, segons el Gnom, era impossible que en les circumstàncies actuals nasqués cap trèvol allà. Era molt probable que ambdós diguessin la veritat, però també era possible que la veritat de cadascú fos diferent. Per tant, potser perdria el temps si continuava cercant el Trèvol Màgic. Si, tal com havia dit el Gnom, en aquelles circumstàncies era impossible que un trèvol creixés allà, el que havia de fer era *esbrinar què faria falta* per fer-ho possible. Així que en Sid preguntà al Gnom, mentre el calmava:

—Espereu, espereu! Heu dit que mai no han crescut trèvols... al Bosc Encantat?

—Mai! Mai! —respongué enfurismat el Gnom mentre entrava a la seva casa-cau.

—No marxeu! No marxeu, sisplau! Expliqueu-me per què. Vull saber per què mai no han nascut trèvols al bosc.

El Gnom donà mitja volta i li explicà:

—És per la terra. Evidentment que és per la terra. *Ningú no s'ha preocupat mai de renovar-la.* Els trèvols necessiten terra fresca i flonja, i la terra d'aquest bosc mai no ha estat remoguda ni airejada. És un sòl dur, atapeït, com vols que hi creixin trèvols així?

—Per tant, Gnom, Príncep de la Terra, si volgués tenir una possibilitat, encara que només fos una, que al bosc nasqués un sol trèvol... hauria de renovar la terra? Canviar-la? —preguntà en Sid.

—Òbviament que sí. *O és que no saps que només obtenim coses noves quan fem coses noves?* Si la terra no canvia, seguirà passant el mateix: no hi naixerà cap trèvol.

—I vos sabeu on podria trobar terra fèrtil?

El Gnom, que ja tenia mig cos dins del cau i estava a punt de tancar la porteta de fusta, es girà i digué:

—Hi ha una mica de terra fresca i fèrtil al territori de les Cowls, a prop d'aquí. És una terra rica, perquè les Cowls, les vaques nanes, hi amunteguen els fems. Aquella terra sí que és bona de debò!

El cavaller li donà les gràcies efusivament. Muntà entusiasmat al cavall blanc i cavalcà sense perdre temps cap al territori de les Cowls. Sabia que tenia molt poques probabilitats, però com a mínim ja tenia alguna cosa.

Quan arribà al territori de les Cowls ja era fosc. Li fou fàcil trobar la terra de què li havia parlat el Gnom. Era realment fresca, esponjosa i, és clar, molt ben adobada. Només va poder omplir un parell d'alforges, perquè eren els únics recipients que portava al cavall, però n'hi havia prou per a una petita extensió de terreny.

A continuació, el cavaller Sid es dirigí amb les alforges plenes de terra nova a una zona del bosc tranquil·la i allunyada de qualsevol poblat. Quan trobà un lloc que li semblà adequat, va arrencar les herbes i els matolls que hi havia. Després, va remoure i treure la terra vella, la que mai no havia estat renovada, la de sempre. Finalment, va estendre la terra nova a terra.

Quan acabà, es disposà a dormir. Només tenia terra per a uns quants pams quadrats. Seria aquell el lloc escollit perquè hi brotés el Trèvol Màgic? Si era realista, seria molt improbable tenir tanta sort. Uns quants pams entre milers d'hectàrees era una possibilitat entre milions. Tanmateix, una cosa sí que era certa: havia fet al bosc quelcom de diferent del que s'hi havia fet mai fins aleshores. Si no hi havien brotat trèvols, si ningú no els havia trobat mai, era perquè qui ho havia intentat havia fet les mateixes coses de sempre, el que feia tothom. Com a bon cavaller, sabia que fer coses diferents era el primer pas per aconseguir quelcom diferent.

Tot i així, era conscient que tenia molt poques probabilitats que el Trèvol Màgic de quatre fulles escollís, precisament, el lloc que ell havia triat per posar-hi la poca terra fèrtil de què disposava. Com a mínim, ara ja sabia per què no creixien trèvols al bosc. I l'endemà encara sabria més coses, n'estava segur.

En Sid, ajagut i amb el cap recolzat al sòl, mirava la terra que acabava d'estendre. Pensà que el Gnom havia dit la seva veritat i en Merlí, la seva. Eren dues veritats aparentment contradictòries. Però, en actuar com havia fet ell, aportant terra nova a la de sempre, aquella contradicció aparent s'havia esvaït.

«Que fins ara no hi hagi hagut ni un sol trèvol no vol dir necessàriament que no n'hi pugui haver en el futur. I més encara ara, que les condicions de la terra són diferents», pensà.

Es quedà adormit mentre imaginava que el trèvol brotava entre la terra nova que havia repartit. Somiar allò l'ajudà a oblidar com de minses eren les probabilitats que aquell fos el racó que el destí hagués escollit per al Trèvol Màgic.

El sol es va pondre. Només restaven quatre nits.

TERCERA
REGLA DE LA BONA SORT

Si ara no tens Bona Sort,
potser és perquè les circumstàncies
són les de sempre.

Perquè la Bona Sort arribi,
convé crear noves circumstàncies.

III

LA DAMA DEL LLAC

L'alba del quart dia fou més freda que de costum. Els cants de les caderneres, dels pitroigs, de les merles i dels rossinyols ofegaren per fi els dels grills.

En Nott menjà un grapat de baies i muntà al seu cavall. No estava tranquil. La informació que li havia donat el Gnom era molt preocupant. Li havia dit, literalment, que «els trèvols no poden créixer al bosc». És més, mai no havia brotat ni un sol trèvol al Bosc Encantat. I el Gnom sabia el que es deia.

Tanmateix, potser el Gnom l'havia enganyat. Sabia que no podia refiar-se que li hagués dit la veritat. Pensar així no el duia enlloc, però com a mínim el tranquil·litzava. Decidí dedicar el dia a trobar algú que pogués desmentir la informació del Gnom. Així, la sort tornaria a estar a les seves mans.

Després de cavalcar durant més de cinc hores, el cavaller Nott albirà, a la llunyania i entre l'espessor del bosc, un gran llac. Tenia set i imaginava que el seu cavall també devia estar assedegat, així que decidí acostar-s'hi.

Era un lloc veritablement bonic, ple de nenúfars blancs i grocs. Va beure una mica i es va asseure a la vora de l'aigua mentre el seu cavall bevia amb ànsia. De sobte, el sorprengué una veu darrere seu.

—Qui sou? —preguntà una veu femenina i dolça, però a la vegada profunda; fràgil, però ferma; seductora, però desafiant. Era la Dama del Llac.

Sobresortia entre les aigües d'una manera impressionant. Era una dona d'una bellesa i d'una perfecció mai vistes, i modelada amb la forma de l'aigua.

En Nott havia sentit a parlar d'aquella extraordinària criatura. Ben aviat s'adonà que ella li podria oferir informació important per a la seva missió.

—Soc en Nott, el cavaller de la negra capa.

—I què feu vós i el vostre cavall negre a la vora del meu llac? Ja heu begut. Què voleu, ara? Despertareu els meus nenúfars. Han de dormir. Dormen de dia i canten de nit. Si els desperteu, aquesta nit no podran cantar. El seu cant evapora l'aigua del llac a la nit. Si no canten, l'aigua no s'evaporarà. I, si l'aigua no s'evapora, el llac es desbordarà. I si el llac es desborda, moltes flors, plantes i arbres moriran ofegats. Calleu! Calleu i desapareixeu! No desperteu els meus nenúfars!

—Un moment, un moment! —la interrompé en Nott amb vehemència—. No m'expliquis la teva vida, els teus problemes no m'interessen gens. Marxaré de seguida. Només et vull fer una pregunta. Tu, la Dama del Llac, que proveeixes d'aigua tot el Bosc Encantat, tu, que regues tots els seus racons, digues: on creixen els trèvols?

La Dama esclatà a riure amb rialles burletes i tristes. Reia amb una discreció fragorosa, amb un riure agut amb matisos greus. Quan parà de riure, es posà seriosa i afirmà:

—En aquest bosc no hi poden créixer, els trèvols! No veieu que l'aigua que reparteixo des d'aquí arriba a tot arreu per filtració? No surt de mi per rierols ni rius, sinó que es filtra pel jaç del llac i arriba fins a l'últim racó del Bosc Encantat. Heu vist cap toll d'aigua per aquí? Els trèvols necessiten molta aigua. Necessiten un rierol que els la proporcioni contínuament. Mai no trobareu un trèvol en aquest bosc.

La Dama del Llac se submergí de nou. Va ser impressionant. El vapor d'aigua que li donava forma va caure sobre la superfície en una pluja de milers de gotes.

En Nott no prestà atenció al meravellós espectacle que acabava de presenciar. Ja n'estava fart, de sentir sempre la mateixa cançó. Molt seriós i pensatiu, es preguntà què estava passant. Començava a pensar que, potser, la sort no li arribaria mai. I això li provocà una por molt més intensa que la que havia sentit el dia anterior, després d'haver parlat amb el Gnom.

«He de trobar algú que em digui el contrari. He de trobar algú que em digui que la sort és aquí, que el Trèvol Màgic pot néixer al Bos Encantat», pensà.

Començava a odiar la sort. Era abominable. Era el que més desitjava, però també allò més inaccessible del món. Aquest pensament li era insuportable. El deprimia haver d'esperar la sort, però no podia fer res més. Perquè... quina altra opció tenia?

Així doncs, en Nott muntà al seu cavall i cavalcà durant el que quedava de dia, vagant sense rumb pel Bosc Encantat amb l'esperança de tenir la sort de trobar el Trèvol Màgic de quatre fulles.

Aquell mateix dia, el cavaller Sid es va llevar una mica més tard que el dia anterior. Com que havia acabat de renovar la terra just quan es feia fosc, decidí que dormiria una hora més.

Mentre menjava unes pomes, que compartí amb el seu cavall blanc, pensà en què faria aquell dia.

«Ja tinc la terra —es digué—. Ara necessito esbrinar quanta aigua necessita. La probabilitat que hagi escollit el lloc correcte és mínima, ja ho sé. Però si fóra aquest l'escollit... hauré d'assegurar-me que la terra rebi la quantitat d'aigua necessària.»

No ho dubtà ni un instant. Tothom, ja fos cavaller o no, sabia que la Dama del Llac era l'únic habitant del Bosc Encantat que disposava d'aigua.

Li va costar una mica trobar-la. Va haver de preguntar aquí i allà i consultar diversos animals parlaires que trobà pel camí.

Finalment, arribà al llac minuts després que en Nott hagués marxat. S'hi apropà molt poc a poc i gairebé sense fer soroll, encara que sense voler trepitjà la closca d'una nou, que va cruixir. Immediatament, sorgí d'entre les aigües la Dama del Llac, que repetí la mateixa queixa:

—I què feu vós i el vostre cavall blanc a la vora del meu llac? Ja heu begut. Què voleu, ara? Despertareu els meus nenúfars. Han de dormir. Dormen de dia i canten de nit. Si els desperteu, aquesta nit no podran cantar. El seu cant evapora l'aigua del llac a la nit. Si no canten, l'aigua no s'evaporarà. I, si l'aigua no s'evapora, el llac es desbordarà. I si el llac es desborda, moltes flors, plantes i arbres moriran ofegats. Calleu! Calleu i desapareixeu! No desperteu els meus nenúfars!

En Sid quedà aclaparat. No només pel magnífic espectacle que acabava de presenciar, sinó també pel problema que li havia plantejat la Dama del Llac. Necessitava aigua per regar la zona escollida, sí, però si es passava el dia recollint-la a cassons, despertaria els nenúfars.

Així doncs, les coses es complicaven. No trobaria aigua en cap altre lloc del Bosc Encantat. «En fi, què hi farem», va pensar. En Sid era una persona sensible i la combinació de bellesa, tristesa i ansietat a la veu de la Dama del Llac va fer que s'interessés pel seu problema i busqués la manera d'ajudar-la.

—I digueu, senyora, per què no surt aigua del llac? De tots els llacs en surt aigua. De tots els llacs neixen rierols o rius.

—Jo... jo... —Per primera vegada, la Dama del Llac s'expressava amb una veu sense matisos, amb una veu trista—. Perquè al meu llac no hi ha continuïtat. De mi no en surten, de rius. Sobre mi l'aigua només cau. Només la rebo i cap rierol neix de mi. Per això he de viure sempre pendent que els nenúfars dormin i puguin cantar de nit. Durant el dia no dormo per vetllar el seu son. I de nit, els seus cants no em deixen dormir. Visc esclava de la meva aigua. Sisplau, marxeu i no desperteu els meus nenúfars.

Aleshores, en Sid s'adonà que allò que el llac tenia en abundància era, precisament, el que a ell li faltava: aigua.

—Jo puc ajudar-vos —proposà en Sid—. Però, digueu-me: sabeu quanta aigua necessita un trèvol?

La Dama del Llac respongué:

—Necessita molta aigua. Aigua clara, aigua d'un rierol. La terra on creixen els trèvols ha d'estar sempre humida.

—Aleshores... aleshores... jo us puc ajudar a vós i vós em podeu ajudar a mi!

—Xxxt! No crideu tant! Ja heu despertat un nenúfar. Digueu-me què proposeu.

—Si em doneu permís, obriré un solc a la riba perquè un rierol neixi de vós i, així, l'aigua no s'acumularà. No faré soroll. Senzillament, obriré un solc a terra i l'aigua sortirà del llac. D'aquesta manera, no caldrà que us preocupeu més pels nenúfars. Podreu dormir sempre que ho desitgeu.

La Dama del Llac hi pensà durant uns instants abans d'accedir-hi:

—D'acord. Però no feu soroll.

Tot seguit, la Dama del Llac va desaparèixer, per a sorpresa d'en Sid.

No va esperar ni un instant i improvisà amb la seva espasa una arada, que penjà de la part del darrere del seu cavall. Cavalcà de nou cap al tros de terra escollit. A mesura que cavalcava, l'espasa cavava un solc que s'anava omplint d'aigua, i va alliberar així el llac de la seva pesada càrrega. L'aigua arribà al sòl nou i fèrtil. En Sid ho havia aconseguit: havia fet un canal i creat un rierol d'aigua clara que mai abans havia existit al Bosc Encantat.

Es posà a dormir al costat de l'espai que havia creat. Reflexionà sobre tot el que havia passat i recordà quelcom que el seu mestre li havia dit sempre: la vida et torna allò que li dones. Sovint, els problemes dels altres són les nostres solucions. Si comparteixes, sempre hi guanyes més.

Això era justament el que havia passat: havia estat a punt de renunciar a l'aigua, però quan havia entès el problema de la Dama, paradoxalment s'havia adonat que tots dos necessitaven el mateix i que *amb una sola acció, ambdós hi guanyarien.*

El més curiós de tot és que en Sid s'adonà també que cada cop li preocupava menys que aquell fos, o no, l'indret triat perquè hi brotés el Trèvol Màgic. Potser hauria de sentir-se una mica estúpid per treballar tant en un lloc on probablement no hi naixeria, però no se'n sentia en absolut. La certesa d'haver fet el que havia de fer restava importància a si havia tingut sort o no triant aquell lloc concret. Per què? No ho sabia. Potser era perquè regar era el que tocava després de llaurar i adobar la terra.

Sabia que, sens dubte, era molt poc probable que el lloc que ell havia triat per renovar la terra fos, precisament, l'indret escollit perquè naixés el Trèvol Màgic de quatre fulles. Però ara ja coneixia dos dels motius pels quals mai no havien nascut trèvols al bosc. I l'endemà encara en sabria més. D'això n'estava ben segur.

En Sid, amb el cap repenjat a terra, ja que volia dormir, mirà amb esperança el seu tros de terra fèrtil regada pel rierol. Una nit més, visualitzà com brotava i creixia el Trèvol Màgic. Aquella nit, la imatge del trèvol a la seva ment li semblà més nítida i real que la nit anterior. Allò el feia feliç.

La foscor l'envoltà. Ja només quedaven tres nits.

QUARTA
REGLA DE LA BONA SORT

Preparar les circumstàncies
per a la Bona Sort significa
no buscar únicament
el benefici propi.

Crear les circumstàncies
perquè els altres també hi guanyin,
atrau la Bona Sort.

IV

LA SEQUOIA, REINA DELS ARBRES

L'endemà, en Nott, el cavaller de la negra capa, es llevà força desanimat. Si feia cas del que li havien dit el Gnom i la Dama del Llac, estava, com se sol dir, perdent el temps. No serien inútils, els seus esforços? El cavaller Nott pensà en la possibilitat de tornar a casa. Tanmateix, el viatge fins al Bosc Encantat havia estat llarg i, ja que hi era, finalment decidí quedar-s'hi fins al setè dia. Potser acabaria trobant algú que li digués on podia trobar el Trèvol Màgic de quatre fulles.

En Nott no sabia què fer. Amb qui podia parlar en aquells moments? Vagà pel bosc muntat al seu cavall, sense saber on anar. Trobà tota mena d'éssers estranys, però ni un sol trèvol. I això que, mentre cavalcava, mirava contínuament al terra, cercant alguna pista que li indiqués on podria néixer.

De sobte, va caure en el fet que no havia parlat

amb la Sequoia, el primer habitant del Bosc Encantat. Ella n'havia de saber alguna cosa, segur.

Cavalcà fins al cor del bosc. Segons es deia, la Sequoia va ser el primer arbre que habità el Bosc Encantat, per això s'hi trobava al bell mig. En Nott desmuntà del cavall i s'hi acostà. Sabia que, al bosc, tots els éssers vius, i fins i tot molts dels inanimats, podien parlar. Així doncs, s'apropà a la Sequoia i li digué:

—Sequoia, Reina dels Arbres, pots parlar?

No obtingué resposta. El cavaller Nott insistí:

—Sequoia, Reina dels Arbres, em dirigeixo a tu, sisplau, contesta. Saps qui soc? Soc el cavaller Nott.

La Sequoia mogué l'impressionant tronc i respongué:

—És clar que sé qui ets. No saps que conec tots els arbres d'aquest bosc? No saps que, mitjançant les fulles, absolutament tots els arbres del bosc estem en contacte físic els uns amb els altres? Les nostres branques transmeten la informació amb rapidesa. Fes-me una pregunta, si vols, però després ves-te'n. Estic cansada, tinc més de mil anys i parlar em fatiga.

—Seré breu —respongué en Nott—. He sabut que és possible que d'aquí a tres nits neixi al Bosc Encantat el Trèvol Màgic de quatre fulles, el trèvol de la sort sense fi. Però tant el Gnom com la Dama del Llac m'han dit que al Bosc Encantat mai n'ha crescut cap. Tu vius al bosc des que existeix. Saps tot el que hi passa, perquè parles i has parlat amb tots els arbres. La meva pregunta és molt senzilla: és cert que mai no ha crescut un trèvol en aquest bosc?

La Sequoia es prengué força temps abans de contestar. Revisà els seus mil anys de memòria, cercà en tots i cadascun dels mil anells que formaven el seu ample tronc. Necessità força temps. Els minuts passaven i el cavaller Nott s'impacientà.

—Va, contesta! Tinc pressa! —protestà.

—Estic pensant. Estic recordant. Ets impacient, com la majoria dels éssers humans. Hauries de ser com els arbres, que tenim molta paciència.

Encara passaren uns minuts més. El cavaller Nott, molt inquiet, donà mitja volta, convençut que la Sequoia no volia contestar-li. Just quan es disposava a pujar al cavall, la Sequoia s'arrencà a parlar. Com una bibliotecària que hagués revisat les mil fitxes dels llibres de la seva biblioteca, la Sequoia contestà, per fi, amb seguretat:

—És cert. Mai no ha nascut un trèvol al Bosc Encantat. I menys encara un Trèvol Màgic de quatre fulles. Mai en aquests mil anys. Mai.

El cavaller Nott estava desconsolat. Probablement, en Merlí havia rebut una informació equivocada. O, potser, la situació era encara pitjor: li va passar pel cap que, potser, en Merlí l'havia enganyat.

Se sentia molt deprimit. Ja eren tres els habitants del bosc que li deien que no hi hauria sort per a ell. Estava tan obsessionat amb aquesta realitat que no podia veure-hi més enllà. En realitat, escoltar com altres li deien el que ja sabia no aconseguia més que reafirmar-lo en la seva pròpia evidència. Qualsevol persona que, com en Nott, s'obsessiona per saber si al bosc hi ha trèvols o no, no podrà pensar més enllà. No prendrà consciència que és necessari fer quelcom. Per això, en Nott estava abatut, se sabia víctima i se sabia utilitzat, enganyat. No veia cap possibilitat d'èxit en la situació en què es trobava.

El cavaller Sid es llevà aquell matí més satisfet que l'anterior. Observà amb alegria tot el que havia assolit: terra fèrtil i aigua abundant. Si aquell era el lloc on havia de créixer el Trèvol Màgic, ara necessitava esbrinar quina quantitat de sol i d'ombra li caldria.

En Sid era un cavaller, no un expert en jardineria, així que necessitava parlar amb algun savi que en sabés molt de plantes i d'arbres. Amb qui podria parlar? De sobte, se li va ocórrer.

—És clar! Evidentment! La Sequoia! És l'arbre més savi del bosc. Ella sabrà quant de sol necessita un trèvol!

En Sid cavalcà fins al bell mig del Bosc Encantat. Descavalcà i s'acostà a l'arbre, com en Nott havia fet poc abans.

—Distingida Sequoia, Reina dels Arbres, desitgeu parlar?

No obtingué cap resposta. El cavaller Sid insistí:

—Respectada i venerada Sequoia, Reina dels Arbres, si no esteu gaire cansada, voldria fer-vos una pregunta. Encara que, si ho preferiu, puc tornar en un altre moment.

La Sequoia havia decidit no respondre a cap altre d'aquells cavallers arrogants que li feien preguntes amb impaciència, però aviat va veure que en Sid no era ni impacient ni arrogant. Per l'amabilitat de les seves paraules i pel respecte amb què havia inclinat el cap, genoll a terra, deduí que era diferent. Quan en Sid ja estava a punt de marxar, la Sequoia el cridà:

—Sí, certament estic cansada. Però digueume: què voleu saber?

—Gràcies per respondre, Reina dels Arbres. La meva pregunta és molt senzilla: quant de sol necessita un trèvol per créixer, tenint en compte que ja té terra nova i aigua suficient?

—Mmm... —meditTà la Sequoia. Tanmateix, ara necessità molt menys temps per respondre, perquè coneixia perfectament la resposta—. Necessita la mateixa quantitat de sol que d'ombra.

Però aquí no trobaràs cap indret amb aquestes característiques. Ja deus haver vist que tot el bosc és ombrívol. Per això mai no ha nascut aquí cap trèvol. Aquesta és la resposta a la teva pregunta. Adéu.

Però el cavaller Sid no es desanimava amb facilitat:

—Espereu, espereu! Només una pregunta més, us ho prego. Vós que sou la Reina dels Arbres, em permeteu eliminar algunes de les branques d'alguns dels vostres súbdits? Tinc el vostre permís?

La Sequoia contestà:

—No us cal el meu permís. Només cal que talleu les branques mortes i elimineu les fulles seques. Mai ningú s'ha dedicat a aclarir les copes dels arbres d'aquest bosc; mai ningú ha esporgat les nostres branques. Els habitants del bosc són molt mandrosos. Sempre deixen les seves obligacions per a l'endemà. Si hi dediqueu una mica de temps, obtindreu llum i ombra a parts iguals sota qualsevol arbre. N'hi haurà prou que tragueu les fulles i les branques seques. No us cal el meu permís. Tots els arbres estaran encantats que ho feu.

»Tallar branques velles i alliberar-se d'allò que ja no serveix és sempre un impuls per a la vida de l'arbre i de tot el que l'envolta —afegí la Sequoia, aquest cop amb veu càlida i amable.

—Gràcies, moltes gràcies, Majestat! —contestà en Sid.

S'aixecà i, sense donar l'esquena a la Sequoia en cap moment, retrocedí fins al cavall.

El cavaller de la capa blanca cavalcà a tot galop fins al lloc on havia renovat la terra i fet arribar l'aigua. Ja era tard, però. I si aclaria les copes dels arbres l'endemà? De fet, ja no li quedava res més per fer: terra, aigua i la quantitat justa de sol.

Ara podia descansar. Dedicaria l'última dia a esporgar els arbres. De sobte recordà les paraules de la Sequoia: «No ho deixis per demà». També recordà un dels consells que més li havien funcionat durant tota la seva vida: «Actua i no posterguis». Sí que era cert que ja no quedava res més a fer i que disposava de tot l'endemà per podar branques. Però, si ho feia ara, disposaria d'un dia més i, potser, li seria útil disposar d'un dia addicional. Per tant, aprofità les poques hores de llum que quedaven per podar els arbres.

Fidel als seus principis, decidí actuar i no postergar el que havia de fer.

Començà a enfilar-se a les copes dels arbres que envoltaven la seva parcel·la de terreny i s'entregà amb passió a la tasca de deslliurar-los de les branques mortes.

Els arbres eren molt alts i hi va haver de grimpar d'un en un, amb l'ajuda d'una corda que portava a les alforges. Podà branques i eliminà fulles mortes a cops d'espasa, sense danyar en absolut ni el tronc ni les branques vives. Dedicà gran part de la nit a la tasca, com si l'únic que era important en aquell moment, en el seu «aquí i ara», fos netejar les copes dels arbres. El resultat final fou excel·lent.

Se sentia molt content. Curiosament, ja no el preocupava que el lloc que havia escollit per renovar la terra, canalitzar l'aigua i netejar les branques fos o no l'escollit perquè hi naixés el Trèvol Màgic de les quatre fulles. Ara ja sabia tot el que necessitava un trèvol per arrelar, i ho havia fet. A què dedicaria l'endemà? Potser hi havia quelcom que en aparença no era necessari però que en realitat era imprescindible!

Sentia que gaudia amb el que feia, que es divertia, que s'apassionava i que tot allò tenia sentit, independentment del resultat final.

Una nit més, en Sid visualitzà el Trèvol Màgic. Aquest cop, l'imaginà bellament arrelat a la terra humida del petit espai que havia creat. S'imaginà les quatre fulles, cadascuna amb la característica forma de cor, obertes per rebre la llum del sol que es filtrava entre les branques dels arbres gegants que l'envoltaven.

No ho podia explicar, però com més en sabia sobre com crear les condicions perquè naixés un Trèvol Màgic, menys el preocupava que el trèvol escollís el seu terreny per créixer.

Només quedaven dues nits.

CINQUENA
REGLA DE
LA BONA SORT

Si «deixes per a l'endemà»
la preparació de les circumstàncies,
potser la Bona Sort
no arribarà mai.

Crear les circumstàncies
exigeix fer un primer pas...
Fes-lo avui!

V
STON, LA MARE DE LES PEDRES

Durant el sisè dia, en Nott es dedicà a vagar, apesarat, pel Bosc Encantat. En realitat no creia que fos possible trobar cap trèvol, però tampoc no volia tornar sol al castell reial. Si havia de fer el ridícul, preferia fer-lo en companyia d'en Sid.

A més, li costava tant reconèixer els seus errors o fracassos, que acostumava a responsabilitzar-ne els altres: «Soc víctima d'un error o d'un engany d'en Merlí», es deia.

El sisè dia fou el més avorrit de tots els que passà al bosc. Malgrat que va caçar molts animals estranys i va trobar plantes peculiars, no succeí res rellevant.

El pitjor era una sensació que el deprimia enormement: estava convençut que no tindria sort a la vida. Altrament, ja hauria trobat el Trèvol Màgic. Llevat, és clar, que en Merlí l'hagués enganyat.

Però si en Merlí l'havia enganyat, per què no tornava al castell? Per què seguia tenint esperances?

Tenir esperança era fer-li el joc a en Merlí, era confiar en la sort; d'altra banda, com més esperava, més temia que la sort no arribaria mai. Què feia malament? Per què era tan desgraciat? «Encara no s'ha acabat el termini. Em mereixo la sort, soc especial, però fa molts dies que soc aquí i res no indica que pugui trobar el trèvol», es deia en Nott.

Així va transcórrer el dia per al cavaller del cavall negre i la negra capa. Com que no li quedava res més a fer, decidí anar a parlar amb Ston, la Mare de les Pedres. Volia que algú més li confirmés allò que ja sabia: que al Bosc Encantat no hi naixeria cap Trèvol Màgic i que ell no era una persona amb sort.

No era estrany que en Nott actués d'aquella manera. De fet, és un tret ben curiós de les persones que creuen que no tenen sort. Busquen que els altres els confirmin la seva manera de veure la vida. A ningú no li agrada ser víctima, però ser-ho allibera, aparentment i només aparentment, de qualsevol responsabilitat davant la desgràcia.

Ston era al cim del Penyal dels Penyals. Una muntanya inhòspita, tota ella pura roca. L'escalada fou dura. I, des de dalt, es veia pràcticament tot el Bosc Encantat. En Nott pensà que li agradaria trobar en Sid, per parlar amb ell i preguntar-li si desitjava tornar ja al castell reial.

Al cim trobà a Ston, la Mare de les Pedres, que parlava amb altres pedres. Ston es dirigí a ell:

—Mireu! Un d'aquests cavallers cercadors de trèvols. Fa quatre dies que al bosc no es parla d'una altra cosa. Has trobat ja el Trèvol Màgic? —preguntà mentre reia, burleta.

—Ja saps que no —respongué en Nott, visiblement enfadat—. Digues, Ston, oi que no hi haurà cap Trèvol Màgic de quatre fulles en aquest bosc? O potser n'hi ha algun aquí, entre les pedres? No, no és possible, veritat?

La Mare de les Pedres esclafí a riure.

—És clar que no! Com vols que creixin trèvols entre les pedres? Es nota que comences a estar trastornat després de tants dies vagant pel Bosc Encantat. Hauries de parar compte... Si passes massa temps al bosc, acabaràs boig, com gairebé tots els éssers humans que hi han vagat sense un objectiu clar. No, aquí no n'hi ha, de trèvols. Els trèvols màgics de quatre fulles no poden néixer on hi ha pedres.

En Nott descendí poc a poc del Penyal dels Penyals. Mentre ho feia, sentí contínuament les rialles de la Mare de les Pedres.

Ja no hi havia res a fer. Els seus temors s'havien confirmat. «No tindré Bona Sort», pensà. Després recordà en Sid i sentí una alegria amarga en pensar que «aquell altre boig tampoc no trobarà el Trèvol Màgic per molt que es passegi pel bosc». Pensar en el fracàs d'en Sid el tranquil·litzava, el consolava i, fins i tot, l'alegrava. «Si no hi ha Trèvol Màgic per a mi, tampoc no n'hi haurà per a ell», declarà en veu alta, amb ràbia i convenciment.

Llavors, muntà al seu cavall i anà a buscar un lloc on dormir.

Per la seva banda, quan en Sid es llevà, comprovà que l'esforç de la nit anterior havia donat fruits. Va veure un espectacle bellíssim: la boira s'aixecava i deixava pas a raigs de sol daurats que il·luminaven la terra que havia disposat allà el seu primer dia al bosc. S'adonà, amb gran satisfacció, que el sol i l'ombra penetraven per igual en tots els pams d'aquella terra nova. Se sentia molt orgullós. Se sentia feliç. Havia renovat la terra i havia aclarit els arbres perquè hi arribessin els raigs de sol, havia humitejat el sòl...

Era l'últim dia i, per tant, havia de pensar molt bé en què invertir-lo. Com ja havia fet tot allò que considerava necessari, l'opció intel·ligent era esbrinar si faltava res per fer. Com acostumava a dir, el got era mig ple. Ara calia esbrinar com omplirlo del tot, per si resultava que havia encertat el lloc on havia de néixer el Trèvol Màgic, tal com havia predit en Merlí. Es tractava, com ja havia pensat la vigília, de descobrir si faltava alguna cosa aparentment innecessària però, en realitat, imprescindible.

Terra, aigua, sol... Què més podia faltar?

Així, es passà el sisè dia preguntant a tots els éssers que trobava pel bosc què li podia faltar a la terra, a més d'ombra, sol i aigua, perquè hi naixés un trèvol de quatre fulles. Però ningú no va saber dir-li què podia ser.

Arribat el migdia, ja no sabia a qui més preguntar. Necessitava inspiració i perspectiva, així que se li va ocórrer ascendir fins al punt més elevat del bosc, per comprovar si, des d'allí, veia quelcom que l'ajudés a descobrir si li quedava res més per fer. «La perspectiva, la distància i tenir l'horitzó a la vista sempre donen idees noves i inesperades», pensà.

Tots els cavallers sabien que el punt més alt del bosc era el Penyal dels Penyals, però en arribar-hi s'adonà que era altíssim. Només quedava mig dia perquè acabés el termini que en Merlí els havia donat. Tenia sentit pujar al Penyal? Fins i tot si li arribava la inspiració, no tindria gaire temps per fer res.

Malgrat tot, decidí pujar-hi. Per què? Senzillament, perquè pensà en tot el que havia fet i en tot l'esforç i la dedicació que hi havia invertit. Atès el que havia aconseguit fins ara, potser fóra aconsellable i bo esforçar-se fins al final i esbrinar si quedava res per fer.

Escalà la muntanya i sentí la suau brisa que arribava lluny del nivell del sòl, en elevar-se. Finalment, arribà al cim. Va seure sobre una roca i començà a atalaiar l'horitzó, buscant la inspiració. Res.

De cop i volta, una veu el sobtà. Venia de... de la pedra que trepitjava amb els peus! Era Ston, la Mare de les Pedres.

—M'estàs aixafant!

En Sid s'esglaià tant que va estar a punt de caure muntanya avall.

—Una roca que parla! Ja només em faltava veure això!

—No soc una roca que parla: soc Ston, la Mare de les Pedres —precisà, visiblement molesta—. Suposo que tu deus ser l'altre cavaller que busca el... ha!, ha!, ha!... el Trèvol Màgic!

—De debò sou la Mare de les Pedres? Aleshores... imagino que no en sabreu gaire, de trèvols, oi?

—Evidentment que no n'entenc gaire, de trèvols, encara que alguna cosa sí que en sé —contestà—. Ja l'hi he dit a l'altre cavaller, el que va vestit de negre: allà on hi ha pedres no hi poden créixer, els trèvols de quatre fulles.

—Heu dit de quatre fulles? —preguntà en Sid.

—Sí, de quatre fulles.

—I els de tres fulles? —tornà a preguntar en Sid.

—Els de tres fulles sí que hi poden créixer, en un sòl pedregós. Però els de quatre tenen menys força i necessiten un sòl completament net de pedres, perquè entorpirien el seu creixement.

Aquest petit matís, el que necessitava un trèvol de tres fulles i el que necessitava un de quatre, hauria pogut semblar banal a molts, però no a en Sid. Sabia que, sovint, els elements clau són en els detalls més petits. Poques vegades es troba la resposta a allò «aparentment innecessari però, en realitat, imprescindible» en el que resulta obvi i ja conegut.

—És clar! Com no me n'he adonat abans? Moltíssimes gràcies! Marxo, gairebé no tinc temps, ja!

En Sid baixà a correcuita del Penyal dels Penyals. Havia d'arribar al més aviat possible a la zona escollida: no havia tret les pedres de la parcel·la!

Quan arribà, encara li quedaven dues hores de llum. En Sid va treure totes les pedres, una a una. De fet, la zona que havia escollit n'estava plena. Si per casualitat aquell era l'indret escollit pel Trèvol Màgic, amb les pedres no hi hauria pogut créixer de cap manera.

En Sid s'adonà que era molt important valorar i reconèixer el que un aconseguia, o el que ell definia com «la part plena del got», però que també ho era, i molt, centrar-se en allò que encara faltava. Això sempre l'havia ajudat a avançar. També s'adonà que els petits detalls contenien la informació clau. Malgrat que semblés que tot estava fet i que ja no quedava res per fer, si un mantenia l'actitud adequada i estava disposat a esbrinar si quedava res més per fer, sempre trobaria pistes que el portarien pel bon camí. De fet, això era justament el que li havia passat. Quina bona decisió havia estat no deixar per a l'endemà la poda de les branques! Si no ho hagués fet, no hauria sabut mai que calia treure les pedres...

Una nit més, es posà a dormir al costat de l'espai que havia creat. I, una nit més, imaginà el bell Trèvol Màgic en tota la seva esplendor, al bell mig de la terra que havia preparat, il·luminat, regat i net de pedres. A més, aquella nit, imaginà que el prenia amb les mans. Sentí la suau textura que fregava la seva pell, l'intens color verd, les belles fulles desplegades. Fins i tot li va semblar que sentia l'agradable olor de clorofil·la que desprenia el Trèvol Màgic. Tot era tan real que, per primera vegada, tingué la certesa que aquell seria l'indret on naixeria. Ho podia imaginar, ho podia sentir amb tot luxe de detalls. I això el feia sentir molt bé. L'acompanyava un profund sentiment d'alegria serena i de pau interior.

De totes maneres, l'endemà ho sabria del cert. D'això, també n'estava segur.

Arribà la foscor. Només quedava una nit. La vigília del dia en què havia de néixer al Bosc Encantat el Trèvol Màgic de quatre fulles, el trèvol de la sort il·limitada.

SISENA
REGLA DE LA BONA SORT

De vegades la Bona Sort no arriba, fins i tot en les circumstàncies aparentment necessàries.

Busca en els petits detalls circumstàncies aparentment innecessàries... però en realitat imprescindibles!

VI
ELS CAVALLERS ES TROBEN AL BOSC

Aquella última nit, mentre buscava un lloc per dormir, en Nott advertí que el seu cavall trepitjava terra fresca regada i sense una sola pedra. Llavors, aixecà la mirada i descobrí una clariana oberta entre les copes dels arbres. Més enllà, observà en Sid, ajagut a terra, i el seu cavall, lligat a un arbre.

—Sid!

En Sid s'aixecà. Encara no dormia.

—Nott!

—Com et va? Has trobat el Trèvol Màgic? —preguntà el Nott a en Sid.

—No. Bé, en realitat ja fa tres dies que no el busco. El primer dia, el Gnom em va dir que no hi havia trèvols en tot el bosc, així que vaig decidir deixar de buscar.

—Aleshores —preguntà en Nott—, què dimonis hi fas, aquí? Per què no has tornat al castell?

Abans que en Sid pogués respondre, en Nott s'adonà que portava la roba tacada de la molsa que creixia al tronc dels arbres, que duia les botes plenes de fang i que tot el vestit estava molt brut com a resultat dels quatre dies que havia passat al Bosc Encantat.

—Però... Què t'ha passat?

—Des que el Gnom em va dir que al Bosc Encantat no hi podien néixer trèvols, m'he dedicat a crear aquest espai. Mira! Té aigua fresca i està ben adobat. Vine amb mi! T'ensenyaré el rierol que hi he fet arribar des del llac on viu la Dama... I, mira, mira! —prosseguí en Sid, emocionat i il·lusionat per poder mostrar a algú tot el que havia creat—. Aquestes són totes les pedres i branques que he retirat en dos dies, perquè no sé si saps que on hi ha pedres...

En Nott l'interrompé.

—És que t'has begut l'enteniment? Com se t'ha acudit muntar un hortet d'uns quants pams... quan no tens ni idea d'on ha de néixer el Trèvol Màgic? O és que no saps que aquest bosc és uns quants milions de vegades més extens que aquesta minúscula parcel·la? Què n'arribes a ser, de babau! No veus que no té cap mena de sentit fer tot el que has fet si ningú no et diu on dimonis ho has de fer? Et falta un bull! Ja ens veurem al castell reial. Jo me'n vaig a buscar un lloc tranquil on passar la nit.

En Nott desaparegué entre els arbres. En Sid se'l quedà mirant, sorprès per tot el que havia sentit. I pensà: «En Merlí ens digué que podríem trobar el Trèvol Màgic, però NO que NO calgués fer alguna cosa per trobar-lo».

SETENA
REGLA DE LA BONA SORT

Aquells que només creuen en l'atzar, pensen que crear circumstàncies és absurd.

Aquells que es dediquen a crear circumstàncies, no es preocupen gens per l'atzar.

VII

LA BRUIXA I EL MUSSOL VISITEN EN NOTT

La darrera nit hauria estat tranquil·la... si algú no hagués decidit que no ho fos per a cap dels dos cavallers...

En Nott dormia —esperava, ansiós, l'arribada de l'alba per tornar al castell— quan un soroll l'esglaià de tal manera que s'aixecà en un segon i desembeinà l'espasa.

—Uuuuuuuuuhhh! —udolà el mussol de la bruixa Morgana, que era dempeus al seu costat, parcialment il·luminada per les flames del foc que el cavaller havia encès feia una estona per protegir-se del fred.

—Qui ets? Què vols? Ves amb compte! La meva espasa és ben esmolada!

—Ja pots guardar l'espasa. He vingut a oferir-te un tracte. Nott, cavaller del cavall negre i de la negra capa.

—Un tracte? Quina mena de tracte vols fer amb mi? No en vull, de tractes amb bruixes.

I menys encara amb tu, Morgana; tens molt mala fama...

—N'estàs segur? Té a veure amb... un trèvol de quatre fulles —digué subtilment la bruixa Morgana, mentre li mostrava les dents negres, es fregava les mans velles i amb ungles llargues, i arrufava el nas aguilenc en el que volia ser un somriure amable. El cavaller Nott embeinà l'espasa i s'inclinà cap endavant.

—Parlem. Què en saps?

—Sé on naixerà el Trèvol Màgic de quatre fulles.

—Va, ràpid! Digue-m'ho! —exigí, impacient, el cavaller.

—T'ho diré si, abans, em promets que compliràs la teva part del tracte.

—I quina és la part del tracte que se suposa que he de complir? —preguntà en Nott, d'immediat.

—Vull que quan trobis en Merlí... el matis amb l'espasa!

—Com? I perquè hauria de matar en Merlí?

—Perquè t'ha enganyat. Ell sap on naixerà el Trèvol Màgic, de la mateixa manera que ho sé jo. El pacte és molt clar: jo et dic on pots trobar el Trèvol Màgic i tu mates en Merlí. Sort il·limitada per a tu i la fi dels problemes de bruixeria per a mi. Amb la mort d'en Merlí, tu aconsegueixes el Trèvol Màgic i jo elimino per sempre el meu gran rival.

En Nott estava tan decebut i frustrat i tenia tantes ganes de venjar-se i de trobar el Trèvol Màgic que decidí acceptar. I no era estrany: quan una persona deixa de tenir fe en la possibilitat de crear la Bona Sort, la compra a la primera persona que l'hi ofereix. De fet, els que esperen trobar sort pensen que és cosa fàcil i que no requereix esforç. Això és el que li passava a en Nott.

—Tracte fet. Ara digues, on creixerà el Trèvol Màgic?

—Recorda que m'has donat la teva paraula. El Trèvol Màgic naixerà demà... al jardí del castell reial! No ha estat ni serà mai en aquest bosc.

—Què dius? —exclamà en Nott, que no podia creure el que acabava de sentir.

—És clar! No ho veus? En Merlí ha aconseguit enganyar tothom amb el seu estratagema: com que us va plantejar el repte de buscar-lo al Bosc Encantat, tots us heu vist obligats a venir aquí, a perdre el temps. Al final només heu vingut dos. En Merlí pensava que seríeu més. En tot cas, el que sí que ha aconseguit és desviar l'atenció del jardí del castell reial. Ningú no espera trobar el Trèvol Màgic allà. Ell hi serà demà, per arrencar-lo. Ja et pots afanyar. Vas necessitar dos dies per arribar fins aquí i només tens una nit per tornar. Ensella el cavall i cavalca veloç, encara que el teu cavall rebenti!

En Nott estava veritablement enfurismat. Però, per fi, tot encaixava.

«Per això, tots els habitants del Bosc Encantat m'han pres per un babau que perdia el temps buscant un Trèvol Màgic que mai no ha nascut aquí i que mai no hi naixerà... Tot quadra», pensà.

Així doncs, en Nott ensellà el cavall i desaparegué, enfurit i a gran velocitat, entre els arbres, camí del regne habitat, amb destí al castell.

VUITENA
REGLA DE LA BONA SORT

Ningú no pot vendre la sort.

La Bona Sort no es ven.

Desconfia de qui et vulgui vendre sort.

VIII
LA BRUIXA I EL MUSSOL VISITEN EN SID

La bruixa esclafí a riure, amb força i malevolència, i es dirigí cap al nord, on sabia que en Sid passava la nit. En Sid dormia plàcidament. Tant, que el mussol hagué d'udolar tres vegades per despertar-lo:

—Uuuuuuhhhh! Uuuuuuhhhh! Uuuuuuhhhh!

—Qui hi ha? —preguntà en Sid, que es posà dret i agafà amb força l'empunyadura de l'espasa, sense arribar a desembeinar-la.

—Tranquil. Soc la Morgana, la bruixa. —En Sid mantingué la postura.

—I què vols de mi?

La bruixa era perversa. Volia dues coses: d'una banda, volia que en Nott matés en Merlí i, de l'altra, persuadir en Sid perquè marxés d'allà. Així, ella es quedaria amb el Trèvol Màgic si, finalment, l'endemà naixia en algun indret del bosc. La Morgana pensà una altra mentida per a en Sid.

—El Trèvol Màgic naixerà demà. Però en Merlí t'ha mentit. No és un trèvol de sort il·limitada... És el trèvol de la desgràcia! Jo mateixa vaig fer el conjur: «Qui arrenqui el trèvol, morirà tres dies després». Però si ningú no l'arrenca, serà en Merlí qui morirà quan es faci de nit. És per això que us ha enganyat a tu i a l'altre cavaller. Perquè un dels dos mori en comptes d'ell. En Merlí necessita que algú arrenqui el trèvol abans que es faci fosc demà. Torna al castell: en Nott ja és a mig camí.

La bruixa havia estat molt astuta i havia deixat en Sid sense opcions. Si l'endemà trobava el Trèvol Màgic, no sabria què fer. Si l'arrencava, moriria. Però... i si qui tenia raó era en Merlí? I si, en realitat, era el Trèvol de la Bona Sort?

El millor, i també el més senzill, era fer com en Nott: abandonar el bosc i no enfrontar-se al dilema. Medità uns instants i, llavors, digué:

—Molt bé. Marxaré aquesta mateixa nit.

La bruixa va somriure, satisfeta. Llavors, en Sid afegí:

—... però aniré a buscar en Merlí. Li demanaré que sigui ell qui arrenqui el Trèvol Màgic. L'encanteri de què parles diu que qui l'arrenqui morirà als tres dies, però si ho fa en Merlí, ell no morirà. L'encanteri es desfarà, perquè el que ha de morir si no s'arrenca i el que ha de morir si s'arrenca són la mateixa persona. Així, en Merlí se salvarà i, després, m'entregarà el trèvol.

En Sid havia estat més intel·ligent que la bruixa Morgana, que havia deixat de somriure. En adonar-se que en Sid no havia caigut al parany, donà mitja volta, amb el mussol sobre l'espatlla, pujà a l'escombra i marxà, ràpida com un gat escaldat i remugant sorollosament.

En Sid reflexionà sobre el que acabava de passar. Sabia que en Merlí no enganyava ningú. Com era possible que en Nott hagués cregut tal cosa, o el que fos que li havia dit la bruixa? És que no sabia, com a bon cavaller, que el més important era no perdre mai la fe en la pròpia empresa?

Havia vist tants cavallers desesperar-se i abandonar quan la Bona Sort tardava a arribar, que havia après la importància de mantenir la fe en el que hom creia correcte.

Abans d'adormir-se, pensà també en la importància de no canviar l'empresa pròpia per l'empresa d'altri, és a dir, la seva empresa per la de la bruixa. La Bona Sort li havia arribat sempre que s'havia mantingut fidel a la seva empresa, la seva comesa, la seva missió i el seu propòsit.

Finalment, recordà el que el seu mestre li repetia sempre: «Malfia't de qui et proposi afers on es guanya molt de manera fàcil i ràpida. Desconfia de qui et vulgui vendre la sort».

NOVENA
REGLA DE LA BONA SORT

Quan hagis creat totes
les circumstàncies, sigues pacient,
no abandonis.

Perquè la Bona Sort arribi,
has de confiar.

IX

EL VENT, SENYOR DEL DESTÍ I DE LA SORT

L'endemà al matí, en Sid es llevà una mica inquiet. Es va asseure vora la terra que havia preparat i esperà. Passaren les hores, però res no succeïa.

El dia avançava i encara no passava res. En Sid pensà: «Bé, en qualsevol cas, aquests dies al Bosc Encantat he viscut apassionadament. He fet el que he cregut correcte i necessari».

En veritat era molt difícil escollir el lloc exacte on se suposava que havia de créixer el Trèvol Màgic de quatre fulles, el trèvol de la sort il·limitada.

De sobte, succeí quelcom inesperat.

El Vent, el senyor del Destí i de la Sort, aquell que en aparença es mou a l'atzar, començà a agitar les fulles dels arbres. I, a continuació, començaren a ploure unes llavors diminutes, com minúscules palletes d'or verd. Eren llavors de trèvols de quatre fulles, cada llavor era... UN TRÈVOL DE LA SORT EN POTÈNCIA! I no una de sola... Plovien moltíssimes llavors de trèvols de quatre fulles.

Però el que realment semblava increïble era que no queien només on era en Sid, sinó sobre tot el Bosc Encantat. EN ABSOLUTAMENT TOTS I CADASCUN DELS RACONS del bosc.

I no només al Bosc Encantat, sinó a tot el regne: plovien llavors de trèvols de quatre fulles sobre els cavallers que no havien acceptat el repte d'en Merlí; plovien sobre tots els éssers del bosc, sobre el Gnom, sobre la Sequoia, sobre la Dama del Llac, sobre Ston...; plovien sobre en Nott i sobre la Morgana. Plovien llavors de trèvols de quatre fulles... PERTOT ARREU!

Els habitants del Bosc Encantat i del regne habitat no en feren gaire cas. Sabien que un cop l'any, per aquelles dates, apareixia aquella estranya pluja de llavors d'un verd daurat que «no servien per a res». De fet, cada any eren una molèstia, perquè era una pluja molt enganxosa.

Pocs minuts després deixaren de caure llavors de trèvols de quatre fulles. Les minúscules llavors d'or verdós es confongueren amb el sòl, com petites gotes d'aigua en un oceà, a mesura que queien sobre tots els racons del regne. Senzillament, es perdien com llavors caigudes al desert.

I així es feren malbé, perquè mai no arribarien a germinar. Milers i milers moriren al sòl gastat, dur i pedregós d'un bosc ombrívol.

Totes, excepte unes quantes dotzenes, que anaren a parar a una petita porció de terra fresca i fèrtil, on lluïa el sol i l'ombra refrescava, on hi havia aigua en abundància i ni una sola pedra.

Aquestes, i només aquestes llavors, es convertiren al cap de poc temps en brots de trèvols de quatre fulles, en multitud de brotons de Trèvols Màgics, un nombre tan gran que permetria tenir sort tot l'any... fins a la pluja de l'any següent. En altres paraules: sort il·limitada. En Sid observà, extasiat, la Bona Sort que havia creat. Commogut i emocionat, s'agenollà en senyal de gratitud i els ulls se li ompliren de llàgrimes.

Quan s'adonà que el vent afluixava, va voler acomiadar-se'n i donar-li les gràcies per haver portat les llavors. Així doncs, mirà al cel i l'invocà:

—Vent, Senyor del Destí i de la Sort, on sou? Vull donar-vos les gràcies!

El Vent respongué:

—No cal que em doneu les gràcies. Cada any, sempre per aquestes dates, reparteixo llavors de trèvols de quatre fulles per tot el Bosc Encantat i per tots els racons del regne habitat. Soc el Senyor del Destí i de la Sort i lliuro, seguint un ordre establert, les llavors de la Bona Sort pels lloc per on passo. Contràriament al que molts pensen, jo no reparteixo sort, sinó que m'ocupo d'escampar-la equitativament pertot arreu. Els Trèvols Màgics han nascut perquè tu has creat les condicions adequades perquè ho fessin. Qualsevol que hagués fet el mateix que tu, hauria creat Bona Sort. Jo només he fet el mateix que faig sempre. La Bona Sort que porto amb mi sempre és aquí. El problema és que gairebé tothom creu que no cal fer res.

I prosseguí:

—En realitat, tant era el lloc que triessis. El que importava era que el preparessis, tal com has fet. La sort és la suma d'oportunitat i de preparació. Però l'oportunitat... sempre hi és.

I així és.

Només creixeren trèvols de quatre fulles, Trèvols Màgics, sota els peus d'en Sid, perquè només ell, a tot el regne, havia creat les condicions perquè creixessin.

Perquè, contràriament al que creuen molts, la Bona Sort no és quelcom que succeeixi a uns pocs que no fan res.

La Bona Sort és quelcom que ens pot passar a tots, si fem alguna cosa.

La Bona Sort consisteix, només, a crear les condicions perquè les oportunitats, que hi són per a tots, no morin com les llavors del trèvols de quatre fulles que cauen en terra estèril.

El Vent s'allunyà, mentre en Sid abandonava el Bosc Encantat per retrobar-se amb en Merlí.

DESENA
REGLA DE LA BONA SORT

Crear Bona Sort és preparar
les circumstàncies
per a l'oportunitat.

Però l'oportunitat no és una qüestió
de sort ni d'atzar: sempre hi és!

Així doncs...

Crear Bona Sort només consisteix
a... crear circumstàncies!

X
EL RETROBAMENT AMB EN MERLÍ

En Nott cavalcà tota la nit de la setena jornada. En arribar al castell, el cavall negre tenia el llom i els costats coberts de sang, pels cops de fusta i les frenètiques clavades d'esperons. En Nott necessitava arribar a temps per agafar el Trèvol Màgic que suposava que havia brotat als jardins del castell. Poc després, el pobre cavall morí d'esgotament.

En Nott creuà la porta del castell i avançà per totes les sales, fent caure a cops i puntades de peu tot el que es trobava pel camí. Portava l'espasa desembeinada i el rostre desencaixat amb els ulls plens d'ira.

—Merlí! Merlí! On ets? No t'amaguis de mi, et trobaré!

En Nott decidí dirigir-se cap al verd i frondós jardí del castell, perquè sabia que allí trobaria el mag.

Quan obrí la porta que conduïa a l'exterior, va veure en Merlí al bell mig del jardí. Dempeus, serè i ferm, repenjat en el seu llarg bastó i amb posat seriós. Tanmateix... allò ja no era un jardí! Era un pati enrajolat! Durant les últimes set nits, els mestres d'obra del castell s'havien dedicat a tapar la terra!

A en Nott li caigué l'espasa de la mà.

—Per què ho has fet? Per què has tapat el jardí amb lloses? —preguntà a en Merlí.

—Perquè, d'altra manera, hauries intentat matar-me. No hauries escoltat les meves explicacions. Era l'única manera que et convencessis que aquí no hi ha cap trèvol i que la bruixa t'ha enganyat. Jo, en Merlí el Mag, ho sé tot. Sabia que la bruixa et vendria la seva sort: la que gairebé mai no arriba. Sabia que vindries fins aquí, decidit a matarme, i que només després d'hores i hores de buscar al jardí et convenceries que aquí no hi havia cap Trèvol Màgic. Necessitava dissuadir-te abans. No volia lluitar en va contra tu.

En Nott començà a adonar-se del seu error. Havia escollit el camí més fàcil. Sempre havia pensat que es mereixia la sort. En aquell precís instant, al jardí del castell, davant d'en Merlí, va prendre consciència que anava errat. En Merlí reprengué les seves explicacions.

—Ara ja ho saps. El Trèvol Màgic no és aquí. Ha nascut ja fa unes hores al Bosc Encantat, tal com vaig prometre. Hi havia prou Trèvols Màgics també per a tu, però t'has abandonat a tu mateix, no has cregut en tu. És més, has esperat sempre que els altres et regalessin la seva sort. La teva visió en aquesta empresa era massa limitada i hi faltaven la passió, l'entusiasme, l'entrega, la generositat i la confiança que es necessiten per obtenir tants trèvols màgics de la Bona Sort com haguessis volgut.

En Nott donà mitja volta i, sense espasa ni cavall, caminà fins al seu castell, on romangué en negra solitud durant molt i molt temps.

En Sid arribà a la ciutat l'endemà. El primer que va fer va ser anar al castell per dir-li a en Merlí que havia trobat el Trèvol Màgic, el trèvol de la sort il·limitada. Volia donar-n'hi les gràcies.

—Merlí! Merlí! Mira! —I li ensenyà un bon grapat de trèvols de quatre fulles, de trèvols de la Bona Sort—. Fixa-t'hi bé! No hi havia un únic Trèvol Màgic. N'hi ha tants com en vulguis!

—És clar, Sid! Perquè quan creem les circumstàncies, podem generar tanta Bona Sort com vulguem. Per això, la Bona Sort és il·limitada.

—M'agradaria agrair-t'ho d'alguna manera, Merlí. T'ho dec tot a tu.

—De cap manera! —respongué en Merlí—. Jo no he fet res. Absolutament res. TU vas decidir anar al Bosc Encantat; TU vas acceptar el repte entre centenars de cavallers; TU vas decidir renovar la terra, malgrat que t'havien dit que no naixeria mai un trèvol al bosc; TU vas decidir compartir la teva sort amb la Dama del Llac; TU vas decidir perseverar i no deixar per a l'endemà la poda de les branques; TU et vas adonar del que era aparentment innecessari, però en realitat imprescindible, i vas entendre la importància de treure les pedres quan semblava que ja ho havies fet tot; TU vas decidir creure per veure; TU vas creure en el que havies fet, fins i tot quan et digueren que et podien vendre la sort.

I en Merlí afegí:

—Però, i això és el més important de tot, Sid, TU VAS DECIDIR NO CONFIAR EN LA CASUALITAT PER TROBAR EL TRÈVOL I VAS PREFERIR CREAR LES CIRCUMSTÀNCIES PER TAL QUE EL TRÈVOL ET TROBÉS A TU.

I sentencià:

—TU VAS DECIDIR SER LA CAUSA DE LA TEVA BONA SORT.

EL NOU ORIGEN

DE
LA BONA SORT

Si crear Bona Sort
és crear circumstàncies…
la Bona Sort només depèn de tu.

A partir d'avui TU també
pots crear Bona Sort!

En Sid s'acomiadà d'en Merlí amb una abraçada ferma i afectuosa. Després muntà el seu cavall blanc i anà a la recerca de més aventures. Dedicà la resta dels seus dies a ensenyar a altres, cavallers i no cavallers i fins i tot a nens, les regles de la Bona Sort.

Ara sabia crear Bona Sort i no es podia guardar el secret només per a ell, perquè la Bona Sort s'ha de compartir.

I és que en Sid pensà que, si actuant ell sol havia pogut crear tanta Bona Sort en només set dies, de què no seria capaç tot un regne si tots els seus habitants aprenien a crear Bona Sort la resta de les seves vides?

TERCERA PART

EL RETROBAMENT

En acabar el conte, en David també estava descalç i trepitjava amb els peus nus els frescos trèvols que creixien a sota del banc on els dos amics eren asseguts.

Tots dos romangueren en silenci, com si meditessin sobre el conte. Així s'estigueren uns quants minuts. Tots dos pensaven. Una llàgrima lliscà per la galta d'en David. En Víctor va ser el primer a parlar:

—Sé què estàs pensant, però no vegis segones intencions en les meves paraules...

—Què vols dir? —preguntà en David

—Suposo que penses que només és una faula, un conte... No sé... no volia dir que tu... només volia fer-te arribar la Bona Sort.

—Precisament pensava en això, Víctor. Pensava en com aquest conte ha arribat a mi: la fortuna de retrobar-me amb un amic de la infància a qui no veia des de feia cinquanta anys, ha posat aquest conte a les meves mans.

En Víctor pensà en el que acabava de sentir, en el retrobament casual amb en David: una veritable casualitat. Això havia estat sort, no Bona Sort. Pensà que el conte de la Bona Sort havia arribat a en David per atzar. Quina paradoxa! Digué:

—Sí, és cert. El conte de la Bona Sort ha arribat a les teves mans per pur atzar.

—Això creus? —exclamà en David—. Jo estava pensant precisament el contrari.

—El contrari? —preguntà en Víctor, sense entendre què volia dir en David.

—Sí, el contrari. Jo he creat les circumstàncies perquè aquest conte arribés a mi. Perquè la Bona Sort arribés a les meves mans.

—Tu?!

—Sí, Víctor. No ha estat casualitat que tu i jo ens haguem trobat avui. En els darrers quatre anys, els pitjors de la meva vida, la meva única esperança era trobar l'únic amic que he tingut mai: tu. En aquests anys, no hi ha hagut ni un sol dia que no busqués el teu rostre en tothom amb qui em creuava. En cada persona que em sortia al pas, a cada semàfor, a les terrasses dels bars, a tots els racons de la ciutat... Mai no he deixat de mirar les cares dels altres amb l'esperança de reconèixer la teva. Ets l'únic amic que tinc i que he tingut. He imaginat moltes vegades que et trobava. He visualitzat moltes vegades el nostre retrobament, de la mateixa manera que en Sid veia créixer el seu trèvol. De vegades, fins i tot he pogut sentir l'abraçada que ens hem fet fa poc menys d'una hora... Mai no he deixat de creure que succeiria.

I afegí:

—T'he trobat, perquè volia trobar-te... El conte de la Bona Sort ha arribat a mi perquè, sense saber-ho, l'estava buscant.

Visiblement emocionat, en Víctor digué:

—Així doncs, penses de debò que la faula diu la veritat...

—És clar que sí —prosseguí en David—. No pot ser d'una altra manera: el nostre retrobament m'ha demostrat que jo també puc ser com en Sid. Avui he estat jo qui ha creat Bona Sort. Jo també puc crear Bona Sort. Ho veus?

—Naturalment! —exclamà en Víctor.

—Puc afegir una regla més a la teva faula? —preguntà en David al seu amic.

—I tant! —respongué en Víctor.

I en David digué:

EL CONTE
DE
LA BONA SORT

… mai no arriba a les teves mans
per casualitat.

En Víctor somrigué. No calia dir res més. Entre bons amics, de vegades les paraules són innecessàries. S'abraçaren de nou. I en Victor se'n va anar, però en David romangué al banc, assegut, i tornà a posar els peus descalços sobre la fresca herba del gran parc de la ciutat.

En David notà unes pessigolles al turmell. S'inclinà i, sense mirar, arrencà un bri que li acariciava suaument la pell, que reclamava la seva atenció.

Era un trèvol de quatre fulles.

En David havia decidit, als seixanta-quatre anys, començar a crear Bona Sort.

... Quant de temps esperaràs tu?

QUARTA PART

ALGUNES PERSONES QUE HI ESTAN D'ACORD

«El noranta per cent de l'èxit consisteix, senzillament, a insistir.»

Woody Allen

«Circumstàncies? Què són les circumstàncies? Jo soc les circumstàncies!»

Napoleó Bonaparte

«Només triomfa al món qui es lleva i cerca les circumstàncies i, si no les troba, les crea.»

George Bernard Shaw

«Moltes persones creuen que tenir talent és una sort; molt poques pensen que, potser, la sort és qüestió de talent.»

Jacinto Benavente

«La sort afavoreix només la ment preparada.»

Isaac Asimov

«La sort ajuda els agosarats.»

Virgili

«La sort és el pretext dels fracassats.»

Pablo Neruda

«El fruit de la sort només cau quan és madur.»

Friedrich von Schiller

«Crec moltíssim en la sort i descobreixo que, com més treballo, més sort tinc.»

Stephen Leacock

«Com més practico, més sort tinc.»

Gary Player

«Existeix una porta per la qual pot entrar la Bona Sort, però la clau la tens tu.»

Proverbi japonès

«La nostra sort no es troba fora de nosaltres, sinó en nosaltres mateixos i la nostra voluntat.»

Julius Grosse

«El coratge atrau la sort.»

Enni

«De tots els mitjans que condueixen a la sort, els més segurs són la perseverança i el treball.»

Marie R. Reybaud

«La sort ajuda els valents.»

Publi Terenci

«La resignació és un suïcidi quotidià.»

Honoré de Balzac

«Que la inspiració arribi no depèn de mi. L'única cosa que jo puc fer és assegurar-me que em trobi treballant.»

Pablo Picasso

«La sort del geni és un u per cent d'inspiració i un noranta-nou per cent de transpiració, és a dir, de suor.»

Thomas Edison

«El secret d'un gran negoci consisteix a saber quelcom que no sap ningú més.»

Aristotelis Onassis

«Tu ets el motiu de gairebé tot allò que et succeeix.»

Niki Lauda

«La sort no és més que l'habilitat d'aprofitar les ocasions favorables.»

Orison Swett Marden

«Només aquells que no esperen res de l'atzar són amos del seu propi destí.»

Matthew Arnold

«L'home savi crea més oportunitats de les que troba.»

Francis Bacon

«Un optimista veu oportunitat en totes les calamitats; un pessimista veu calamitat en totes les oportunitats.»

Winston Churchill

«Déu no juga als daus amb l'Univers.»

Albert Einstein

«"I quan penses fer realitat el teu somni?", preguntà el Mestre al deixeble. "Quan tingui l'oportunitat de fer-ho", respongué el deixeble. Aleshores, el Mestre digué: "L'oportunitat no arriba mai. L'oportunitat ja és aquí".»

Anthony de Mello

CINQUENA PART

DECÀLEG, SÍNTESI I NOU ORIGEN DE LA BONA SORT

Primera regla de la Bona Sort
La sort no dura gaire temps,
perquè no depèn de tu.
La Bona Sort dura sempre, perquè
la construeixes tu mateix.

Segona regla de la Bona Sort
Són molts els que volen tenir Bona Sort,
però pocs els que decideixen anar a buscar-la.

Tercera regla de la Bona Sort
Si ara no tens Bona Sort, potser és perquè
les circumstàncies són les de sempre.
Perquè la Bona Sort arribi, convé crear noves
circumstàncies.

Quarta regla de la Bona Sort
Preparar les circumstàncies per a la Bona Sort
significa no buscar únicament el benefici propi.
Crear les circumstàncies perquè els altres també
hi guanyin, atrau la Bona Sort.

Cinquena regla de la Bona Sort
Si «deixes per a l'endemà» la preparació
de les circumstàncies, potser la Bona Sort
no arribarà mai.
Crear les circumstàncies exigeix fer
un primer pas... Fes-lo avui!

Sisena regla de la Bona Sort
De vegades la Bona Sort no arriba,
fins i tot en les circumstàncies
aparentment necessàries.
Busca en els petits detalls circumstàncies
aparentment innecessàries... però en realitat
imprescindibles!

Setena regla de la Bona Sort
Aquells que només creuen en l'atzar, pensen
que crear circumstàncies és absurd.
Aquells que es dediquen a crear circumstàncies,
no es preocupen gens per l'atzar.

Vuitena regla de la Bona Sort
Ningú no pot vendre la sort.
La Bona Sort no es ven.
Desconfia de qui et vulgui vendre sort.

Novena regla de la Bona Sort
Quan hagis creat totes les circumstàncies, sigues
pacient, no abandonis.
Perquè la Bona Sort arribi, has de confiar.

Desena regla de la Bona Sort
Crear Bona Sort és preparar les circumstàncies
per a l'oportunitat.
Però l'oportunitat no és una qüestió
de sort ni d'atzar: sempre hi és!

SÍNTESI

Crear Bona Sort només consisteix a...
crear circumstàncies!

EL NOU ORIGEN DE LA BONA SORT

Si crear Bona Sort és crear circumstàncies...,
la Bona Sort només depèn de tu.
A partir d'avui TU també pots crear Bona Sort!

I recorda que...

... el conte de la Bona Sort...

... mai no arriba a les teves mans per casualitat.

Aquest llibre va ser escrit
en vuit hores, d'una sola tirada.
Tanmateix, vàrem invertir
més de tres anys
a identificar les regles de
la Bona Sort.

N'hi haurà que només recordaran
la primera dada.
D'altres, només en recordaran
la segona.

Els primers pensaran
que hem tingut
sort.

Els altres, que hem après
i treballat per crear
«Bona Sort».

LA FÓRMULA DE LA BONA SORT

«L'atzar reparteix les cartes, però nosaltres les juguem.»

Arthur Schopenhauer

Schopenhauer tenia molta raó.

Com ell, els autors d'aquest llibre entenem la bona sort com una combinació de dos elements. D'una banda, tenim tot allò que no podem controlar, que no depèn de nosaltres, aquell atzar que «reparteix les cartes». De l'altra, tenim tot allò que sí que podem controlar, és a dir, com juguem les cartes que ens han repartit atzarosament.

Ambdues coses són igualment importants, és clar. Però si hi ha quelcom de determinant, si quelcom és veritablement clau, és, sens dubte, la segona part. Fixem-nos que hi ha persones amb cartes magnífiques que perden la partida perquè no les juguen bé, i hi ha persones que comencen amb una mà de cartes molt dolenta, però que són capaces de capgirar la mala sort original i guanyar la partida.

En altres paraules, tal com també afirmava Voltaire, en la bona sort conflueixen l'atzar (allò que no depèn de nosaltres) i la nostra preparació per jugar bé les nostres cartes (allò que sí que depèn de nosaltres).

El conte de la Bona Sort acaba amb una frase que resumeix la nostra creença fonamental: *tu ets la causa de la teva bona sort*. Perquè el cavaller Sid, malgrat haver rebut la mateixa informació que el cavaller Nott, decideix no resignar-se i aprendre de la informació que li brinden tots i cadascun dels personatges del Bosc Encantat, i crea les circumstàncies que faciliten el naixement, no d'un, sinó d'infinits trèvols de quatre fulles.

En Sid ha preparat el terreny, l'ha adobat i ha podat les branques seques dels arbres, perquè els raigs de sol arribin a la seva parcel·la fèrtil, neta de pedres i regada amb l'aigua canalitzada des del llac.

Sí, en Sid ha estat la causa de la seva bona sort, una bona sort que, a més, desitja compartir amb tots que l'envolten. Recordem la quarta regla de la Bona Sort: la sort només és bona quan la compartim per millorar la vida dels altres.

Voltaire, Schopenhauer i tants altres genis, artistes, esportistes o científics cèlebres com recullen les cites del final del llibre, també entenen la bona sort com *el punt on conflueixen la preparació i l'atzar*.

Fa uns anys, els autors vàrem decidir demostrar matemàticament que aquesta afirmació és certa i vàrem desenvolupar una breu fórmula amb un resultat sorprenent.

Vegem-la.

Si la bona sort és la combinació de la preparació (allò que depèn de nosaltres, o com juguem les cartes que rebem a la vida) i de l'atzar (allò que no depèn de nosaltres i que, en principi, no podem controlar), disposem d'una primera fórmula que ningú no qüestiona: la bona sort és igual a la preparació multiplicada per l'atzar:

(1)

BONA SORT = PREPARACIÓ x ATZAR

El problema és que aquesta fórmula desanima la majoria de persones. Com en Nott. Atès que el Bosc Encantat és enorme, l'atzar és màxim. Preparar el terreny no té sentit.

A la vida quotidiana, moltes persones pensen el mateix. Tanmateix, no s'adonen que, sovint, l'atzar ens sembla infinit perquè ens hi abandonem. Si la nostra preparació és nul·la, sigui quina sigui la disciplina de què parlem, l'atzar és infinit.

Posarem un exemple. Si mai no hem fet servir un arc amb fletxes i ens en donen un perquè disparem a una diana molt allunyada, serà impossible que encertem. I en l'improbable cas que ho aconseguíssim i encertéssim el blanc al primer intent, tothom qui ho presenciés diria, i amb raó, que «hi hem donat de casualitat» o que «hem tingut pura sort».

Però, què passa si entrenem cada dia, sense fallar-ne ni un? Quan haurem disparat milers de fletxes, la nostra preparació serà molt millor i l'atzar s'anirà reduint progressivament. I quan, després d'anys d'entrenament encertem la diana al primer intent, ningú no dirà que hem tingut sort, oi? Perquè aquest tir precís serà el resultat d'un llarg entrenament.

En resum, estarem d'acord que l'atzar és inversament proporcional a la preparació. Si us agraden les matemàtiques, sabreu que això s'expressa mitjançant aquesta segona fórmula:

(2)

$$\text{ATZAR} = \frac{1}{\text{PREPARACIÓ}}$$

Si la preparació és petita, l'atzar és gran. I, si la preparació és molt elevada, l'atzar tendeix a zero.

Ara tenim les fórmules (1) i (2):

$$\text{BONA SORT} = \text{PREPARACIÓ} \times \text{ATZAR}$$

$$\text{ATZAR} = \frac{1}{\text{PREPARACIÓ}}$$

Ara, a la primera fórmula, substituirem ATZAR pel que indica la segona fórmula:

$$\text{BONA SORT} = \text{PREPARACIÓ} \times \frac{1}{\text{PREPARACIÓ}}$$

I com que el numerador marxa amb el denominador, obtenim:

$$\text{BONA SORT} = \cancel{\text{PREPARACIÓ}} \times \frac{1}{\cancel{\text{PREPARACIÓ}}}$$

I, per tant:

$$\text{BONA SORT} = 1$$

La bona sort és igual a un. A un mateix!

I aquesta és la demostració matemàtica que, essencialment, la sort depèn de com juguem les cartes; la demostració que tot és una qüestió d'actitud davant la sort i davant la vida.

Si vol, el lector pot entendre aquestes matemàtiques com una petita broma, com un divertiment. Però sense oblidar que les matemàtiques són l'única disciplina on se sostenen veritats universals.

I aquesta és una veritat universal: com més hi posem de part nostra, com més d'un mateix hi ha en la voluntat i en l'exercici constant de millorar la vida dels altres i la pròpia, més es redueix l'atzar. I potser aquest és un dels secrets més grans de l'existència, una meravellosa obvietat. LA BONA SORT, en realitat, DEPÈN ESSENCIALMENT D'UN: de tu.

Per això, el mag Merlí també ho té molt clar i aquest és el seu missatge final:

TU ETS LA CAUSA DE LA TEVA BONA SORT

Això no significa que neguem que l'atzar és molt important a la partida de la vida. Però, en la mesura en què ens preparem per crear circumstàncies per a la bona sort, aquesta sorgirà amb més facilitat.

Busca-la, busca la teva bona sort, crea les teves circumstàncies, prepara't, redueix l'atzar i, quan aconsegueixis els teus trèvols màgics de la bona sort, comparteix-los amb els altres. Ensenya'ls a crear circumstàncies per millorar la vida, la seva i la dels que els envolten, per seguir creant i impulsant sense fi la Bona Sort.

Àlex Rovira i Fernando Trías de Bes

Àlex Rovira és un empresari llicenciat en ciències empresarials i MBA per ESADE, escriptor, conferenciant internacional i consultor. Se'l considera un dels principals experts en psicologia del lideratge a escala mundial i és autor de gairebé una vintena de llibres. D'entre els títols més recents, cal mencionar *Amor* (2019), *Alegria* (2019), *Contes per estimar-te millor* (2018), *Contes per a nens i nenes feliços* (2020) i *Contes per tenir valor* (2021), els quatre últims en coautoria amb Francesc Miralles.

www.alexrovira.com

Fernando Trías de Bes és escriptor i economista. Autor de nombrosos assajos econòmics, novel·les, relats i guions, se'l considera una dels grans referents en innovació empresarial. Entre els seus guardons destaquen el premi Temas de Hoy per *L'home que va canviar casa seva per una tulipa*, el premi Espasa per *El libro prohibido de la economia* i el premi Ciudad de San Sebastián pel seu text teatral *El trámite*. Els seus assajos més recents són *Las siete llaves* (2020), *La solución Nash* (2020) i *Una historia diferente del mundo* (2021).

www.triasdebes.net